St-Dié, Imprimerie de Ed. Trotot, Grande-Rue, 52.

LES
INTERPELLATIONS ÉCONOMIQUES.

L'ADMISSION TEMPORAIRE
DES TISSUS

Par Aimé SEILLIÈRE, MANUFACTURIER,

Membre du Conseil général des Vosges et de la
Commission des Valeurs, ancien membre du Jury international de 1867
et de la Commission spéciale des Admissions temporaires.

DÉCEMBRE 1869.

PARIS

E. DENTU, LIBRAIRE-ÉDITEUR,

PALAIS-ROYAL, 17 ET 19, GALERIE D'ORLÉANS

1869.

L'ADMISSION TEMPORAIRE

DES TISSUS.

I

La filature et le tissage de coton des départements de l'Est luttent depuis trois ans pour obtenir le retrait du décret du 13 février 1861, qui donne à l'industrie des toiles peintes le droit d'introduire temporairement en France, sans droits, des tissus écrus, à charge de les réexporter après l'impression. Ce privilége est maintenant abandonné de presque tous ses défenseurs, et la *Revue des Deux-Mondes*, peu suspecte en pareille matière, avouait dernièrement dans un article de M. Alby, qu'il n'a plus guère d'autres partisans que ceux qui en profitent. Cependant il subsiste toujours, au grand détriment de la filature et du tissage qui sont forcés de continuer à le combattre.

Le principe de l'admission temporaire, à charge de réexportation, des produits destinés à recevoir un travail complémentaire, n'a rien de commun avec celui du libre échange ; il est au contraire le correctif du système protecteur poussé à l'excès. Avec un tarif douanier insuffisant pour protéger le travail d'un pays, l'application de l'admission temporaire est illogique et constitue un privilége dont les conséquences sont aussi injustes qu'elles sont cruelles pour certaines industries.

Rien n'est donc plus distinct que les traités de commerce et le décret du 13 février 1861 ; l'existence de l'un est absolument indépendante de celles des autres ; je dirai plus, les tarifs ont d'autant plus de raison d'être modérés que l'on supprime les admissions temporaires, et les partisans des traités de commerce, qui sont pour notre industrie le libre échange à la limite extrême de ce qu'elle peut supporter, devraient voter la suppression des admissions temporaires, comme les partisans de celles-ci devraient demander l'élévation de nos tarifs. — Selon moi, il y aurait à faire des deux côtés ; mais je vais jusqu'à l'extrême, pour rendre plus nette la séparation des deux questions et la contradiction de leur existence commune. C'est, à mon sens, ce qui frappe le plus dans leur étude et dans l'examen des faits pratiques qui s'y rattachent.

Nous sommes maintenant à une distance de dix ans du premier traité de commerce, à une distance de neuf ans du décret sur les admissions temporaires. L'influence exercée sur notre industrie cotonnière par ces importantes innovations économiques ne put être sensible au milieu des effets de la guerre d'Amérique. Cependant, il serait facile, par bien des preuves, de démontrer que les esprits clairvoyants avaient senti dès l'origine la gravité de la situation faite à la filature et au tissage par le privilége accordé aux imprimeurs.

Ce n'est cependant qu'en 1867, après deux années de

retour à un état plus calme, après l'abaissement des prix
du coton et de ses dérivés à une valeur sans doute fort
irrégulière, mais voisine des prix antérieurs à 1860, ce
n'est qu'en 1867, dis-je, que l'opinion se prononça nette-
ment dans la filature et le tissage sur l'effet désastreux
exercé par les importations temporaires.

Une pétition revêtue de cent cinquante-six signatures
d'industriels de l'Est demanda le rappel du décret du
13 février 1861. Les imprimeurs répondirent par une
contre-pétition; une longue polémique fut échangée dans
les journaux d'Alsace; il en sortit en 1868 une enquête
devant le Comité consultatif des Arts et Manufactures,
sur les résultats de laquelle j'aurai lieu de revenir. L'agi-
tation reprit ensuite de plus belle, car la satisfaction
accordée aux industries en souffrance parut, non sans
raison, tout à fait dérisoire.

L'Empereur, saisi directement des plaintes de la filature
et du tissage par une pétition du syndicat de l'industrie
cotonnière de l'Est, ordonna un nouvel examen des faits,
et une Commission spéciale fut nommée, par décret du
10 mars 1869, pour étudier toutes les questions qui se
rattachent à l'admission temporaire des tissus. J'eus l'honneur d'être choisi avec M. Albert Schlumberger, président
de la Chambre de commerce de Mulhouse, et M. Spœrry,
pour représenter les intérêts de la filature et du tissage,
et je publiai alors la plus grande partie des faits reproduits dans cette brochure. Les arguments des défenseurs
de notre industrie étaient dispersés dans deux volumi-
neuses enquêtes, dans huit ou dix pétitions et dans de
nombreux articles de journaux. Il m'avait paru utile de
les réunir et d'y joindre quelques idées personnelles dans

l'intérêt de la cause que j'avais à défendre. Mon travail fut adopté par mes deux collègues comme l'expression fidèle de leurs opinions.

La Commission des admissions temporaires, après trois séances tenues au commencement de mai sous la présidence de S. Exc. M. Gressier, donna lieu à la mission de M. Ozenne, qui fut chargé par le Ministre d'aller étudier cette question dans les divers centres de l'industrie cotonnière en France, mais surtout dans l'Est, puis en Allemagne et en Suisse. — La grande expérience et les hautes facultés de M. Ozenne devaient faire penser que le Gouvernement se considérerait ensuite comme édifié sur un sujet étudié par un homme de cette valeur. Les circonstances donnèrent à ce voyage, entrepris à propos d'une question spéciale, une importance connue de tout le monde.

La Commission des admissions temporaires ne fut plus réunie qu'après un intervalle de six mois, le 28 octobre dernier, sur les vives instances du syndicat cotonnier de l'Est, et après un grand meeting tenu à Mulhouse, en présence de dix députés, meeting qui devint le type d'assemblées du même genre tenues dans les autres villes industrielles. Cette dernière réunion de la Commission fut consacrée à entendre M. Ozenne, qui, sans formuler de conclusion, constata l'unanimité de l'opinion de l'industrie cotonnière française sur la baisse amenée, même à l'intérieur, par le mécanisme des admissions temporaires; exposa la situation relative des usines de l'Alsace, des Vosges et de la Suisse; et rendit compte de la séance présidée par lui à la Chambre de commerce de Mulhouse. Devant M. Ozenne, la Chambre, malgré la présence des principaux imprimeurs, *reconnut, à l'unanimité, que le régime des admissions temporaires exerce une influence sur le prix des marchés français.* Après le rapport de M. Ozenne, des arguments contradictoires furent fournis par les représentants des deux industries, jusqu'à ce que la discussion parut épuisée.

Son Exc. M. Alfred Leroux nous donna, en terminant, l'assurance que la décision du Gouvernement ne se ferait pas attendre, en ajoutant que ce qui avait été décidé par décret devait, s'il y avait lieu, être modifié par décret.

Le Gouvernement était complétement éclairé ; sa résolution devait être immédiate ; le succès des réclamations de la filature et du tissage ne paraissait douteux à personne. Cependant l'industrie attendit jusqu'au 21 novembre, jour où parut au journal officiel le rapport de M. le Ministre de l'Agriculture et du Commerce, et un décret conforme, confondant dans une enquête générale confiée au Conseil supérieur de l'Agriculture et du Commerce, et portant sur toutes les industries en souffrance, la question des admissions temporaires de tissus, qui sortait à peine d'un examen de huit mois.

Je ne veux pas apprécier ici l'effet produit sur l'industrie française par cette mesure. Le Gouvernement, en faisant si bon marché de l'enquête sur les admissions temporaires, s'exposait à ce qui est arrivé. Au risque de détruire complétement la confiance, déjà fort ébranlée dans le sérieux des enquêtes administratives, voulut-on confondre de nouveau une question relativement secondaire, mais appuyée de personnalités influentes, dans l'examen général de toute notre législation économique pour lui donner une dernière chance de salut ? Ou bien, convaincu comme il l'est évidemment des injustes souffrances causées par ce régime, le Gouvernement a-t-il voulu se réserver une concession à faire devant le Corps législatif? Quoi qu'il en soit, et malgré un évident déni de justice, notre devoir est de continuer la lutte, et d'apporter devant la Chambre, qui nous jugera en dernier ressort, les mêmes raisons que nous avons déjà données dans deux enquêtes.

Je ne prétends pas, du reste, que les admissions temporaires soient le seul motif des souffrances de la filature et du tissage. Les pertes faites par l'industrie cotonnière pendant la guerre américaine, l'instabilité du prix de la matière première, les effets de la concurrence étrangère, les inquiétudes politiques, ont une grande part dans ce malaise; et la suppression des admissions temporaires ne peut être un coup de baguette qui nous rendrait immédiatement la prospérité.

Je veux seulement démontrer que sur quatre ou cinq causes de souffrances, l'admission temporaire des tissus est la plus palpable, la plus évidente pour toute personne qui veut étudier la situation sans parti pris. Je veux aussi démontrer que ce décret du 15 février 1861, qui aggrave cruellement la situation d'une des branches les plus importantes du travail national, n'est utile qu'à quelques établissements d'impression; que le développement qu'on avait espéré donner à l'industrie des toiles peintes, en lui faisant une situation privilégiée, ne s'est pas réalisé; que les exportations de quelques usines ont pu sans doute s'augmenter, mais que d'autres ont décru, car l'ensemble est resté stationnaire; que l'on a sacrifié beaucoup d'intérêts pour en satisfaire peu; que le privilége donné à l'impression, au détriment de la filature et du tissage, manque de cette consécration du succès qui , à mon sens, ne le justifierait pas, mais pourrait faire hésiter, dans la voie de la réparation , les partisans de la souveraineté du but. Et comme, à moins d'engagements qui nous seraient inconnus, il est la seule cause de souffrance qui puisse disparaître en un moment , nous nous en prenons naturellement à lui.

Je n'exposerai pas en détail les souffrances de l'industrie cotonnière. Des voix plus autorisées l'ont fait et le feront. On ne peut plus mettre en balance les affirmations de M. Jean Dollfus sur la prospérité de la filature et du tissage, affirmations que je discuterai point à point, avec les plaintes unanimes de ses confrères et la triste réalité des choses. Ces industries sont aux abois. De grandes positions personnelles antérieures à 1860 y subsistent encore et résisteront sans doute longtemps; mais les établissements de moyenne ou de petite dimension sont ruinés ou se débattent contre la ruine ; chaque jour amène de nouveaux sinistres; d'implacables rancunes s'ajoutent les unes aux autres. Les établissements mis en vente trouvent quelquefois acquéreur au cinquième ou au sixième de leur prix coûtant; j'en pourrai citer de récents exemples dans mon département; d'autres ne peuvent se vendre à aucun prix. Les débuts hardis des hommes de mérite pauvres, l'accès au patronage du contre-maître , quelquefois même de l'ouvrier intelligent, sont relégués dans la légende des temps protectionnistes. Le libre échange, malgré son beau nom, n'est rien moins que démocratique; c'est le règne des puissants; il n'admet les petits que comme instruments , et ne laisse en présence dans l'industrie que les grandes forces du capital ou de l'intelligence et le prolétariat.

Quelles que soient du reste mes opinions sur les résultats des réformes de 1860, je me renfermerai dans les admissions temporaires, et j'éviterai toute digression sur les traités de commerce. Je ne traiterai même pas la question au point de vue de l'ensemble du pays, mais surtout à celui des départements de l'Est, qui en souffrent le plus directement. Si je parviens à prouver ce que j'avance, l'effet de cette mesure sur le Nord et sur la Normandie qui a d'immenses relations avec l'Alsace, sera démontré en même temps. En effet, les oscillations des prix de Mulhouse, exprimés par la cote hebdomadaire des courtiers, se transmettent aussitôt au marché de Rouen, et y font les prix. Ceci ne fait doute pour aucun commerçant, et peut être considéré comme reconnu de tous, même de nos adversaires.

Je serai nécessairement amené à prendre souvent à partie quelques-uns des imprimeurs, celui surtout qui a sollicité et obtenu le privilége et en qui s'incarne le régime actuel de notre industrie. Personne ne rend cependant plus que moi justice aux éminentes qualités de M. Jean Dollfus; et, en combattant des opinions que je crois fausses et dangereuses, je me défends d'avance contre toute intention de mettre en cause l'honorabilité personnelle de mes adversaires.

II

L'INDUSTRIE COTONNIÈRE EN FRANCE.

Le décret du 15 février 1861 , vivement attaqué par la filature et le tissage , vivement défendu par l'impression , partage en deux camps hostiles l'industrie cotonnière française. Je donnerai d'abord quelques chiffres sur l'importance de cette industrie.

Il existe en France 6,800,000 broches de filature qui mettent en œuvre, en moyenne, environ 90 millions de kilog. de coton brut, et fournissent la matière à 80,000 métiers mécaniques et 200,000 métiers à bras. M. Roy, dans son rapport sur l'Exposition universelle de 1867, évalue à 600,000 la quantité d'ouvriers employés par l'industrie cotonnière. Je crois ce chiffre trop élevé. Quoi qu'il en soit, c'est probablement l'industrie la plus importante du pays, et ses salaires atteignent plusieurs centaines de millions. Le capital immobilisé seulement par la filature et le tissage mécanique est très-sensiblement de 500 millions; la valeur des produits fabriqués est généralement estimée à 600 millions, quand le coton a une valeur normale.

Je n'ai pas de chiffres précis sur le nombre total des établissements cotonniers. Dans le seul département de la Seine-Inférieure il existait , le 1er janvier 1867, 198 filatures (rapport du jury). Dans le département des Vosges , il existe à ma connaissance 120 filatures et tissages. Je suis convaincu qu'on ne peut estimer à moins de sept ou huit cents usines différentes les filatures et tissages mécaniques seuls, et je ne sais à quel chiffre on pourrait arriver si l'on tenait compte des tissages à bras et de l'industrie de Saint-Quentin et de Tarare.

L'industrie de l'impression en Alsace et à Rouen comprend 35 établissements, et emploie approximativement, comme matière première, 120 millions de mètres de tissus écrus, pesant environ 10 millions de kilogrammes, c'est-à-dire le huitième de la production française.

Il s'est exporté dans les plus fortes années, en comprenant les tissus admis temporairement, 2,500,000 kil. de tissus imprimés, c'est-à-dire environ 3 et demi pour cent en poids de la production totale du pays. Les documents des douanes assignent pour 1867 une valeur de 16,523,460 fr. à ces exportations, et celles de 1868, dont quelques éléments font encore défaut, sont environ de 22,000,000 fr.

Les exportations de l'impression représentent donc 4 à 5 pour cent de la valeur généralement admise pour le travail de l'industrie cotonnière.

Si nous considérons seulement le rayon de l'Est, il existe dans les six départements du Haut-Rhin, des Vosges, du Bas-Rhin, du Doubs, de la Haute-Saône et de la Meurthe, 2,140,000 broches de filature, 50,000 métiers mécaniques et 9 à 10,000 métiers à la main.

Ces usines emploient environ 70,000 ouvriers, et produisent 500,000,000 mètres de tissus représentant approximativement une valeur de 165 millions.

L'industrie de l'impression du Haut-Rhin, concentrée dans seize établissements, emploie environ 50,000 millions de mètres auxquels les transformations qu'elle opère donnent une plus-value d'environ 15 millions. On admet en général qu'elle occupe directement 8 à 10,000 ouvriers.

III

LA SUISSE.

Les admissions temporaires de tissus dans l'Est de la France profitent surtout à la Suisse ; et, bien que l'Angleterre et l'Allemagne y prennent une certaine part, on peut n'en pas tenir compte devant les chiffres de l'importation du premier de ces pays.

Aujourd'hui, la Suisse est, à mon sens, bien autrement dangereuse que la Grande-Bretagne pour l'industrie cotonnière française, et c'est sur les conditions de production de ce petit pays, que devront être basés les tarifs protecteurs de notre industrie. D'ailleurs, sa population est trop peu considérable et de mœurs trop simples pour qu'il puisse jamais, comme consommation des articles français, offrir, à l'exemple de l'Angleterre, certaines compensations à la concurrence redoutable qu'il fera chaque jour davantage à nos manufactures.

Il a été admis de tout temps que les conditions de travail de la Suisse étaient beaucoup plus économiques qu'en France : forces hydrauliques inépuisables, main-d'œuvre bon marché, plus de modestie, à intelligence et assiduité égales, dans le personnel instruit ; absence presque complète d'impôts sous toutes leurs formes : tous ces avantages de nos voisins étaient connus, sans qu'on s'effrayât de leur concurrence au même degré que de celle de l'Angleterre. Les craintes les plus vives, au moment de l'enquête de 1860, semblent avoir été exprimées par l'industrie de

2

Saint-Quentin et la broderie de la Meurthe et des Vosges, et non par la filature et le tissage.

Il n'existe pas de chiffres précis sur l'importance actuelle de l'industrie cotonnière en Suisse. Ce pays est peu centralisé ; les renseignements statistiques n'y sont pas recueillis par le Gouvernement ; et quand on cherche à le faire, l'on rencontre de grandes difficultés et l'on s'expose à de graves erreurs.

D'après le rapport de M. Roy sur l'industrie cotonnière à la dernière Exposition universelle, la Suisse comptait en 1866 1.500,000 broches de filature, 20,000 métiers mécaniques et 75,000 métiers à la main. Ces chiffres, qui ont sans doute été fournis par les commissaires suisses, devaient être voisins de la vérité. Depuis deux ans, le mouvement d'accroissement des établissements suisses a été très-considérable ; les ateliers de construction d'Alsace ont été principalement occupés de leurs commandes. On croit en général que la Suisse possède aujourd'hui à peu près le même nombre de broches que nos départements de l'Est.

Il n'en est pas ainsi pour le tissage ; mais l'accroissement annuel est plus rapide encore. Sous l'influence du régime des admissions temporaires, il s'établit une véritable translation de notre industrie sur ce terrain favorisé. Et sans les inquiétudes où la Suisse est sur le maintien du décret de 1861, le mouvement serait bien autrement accéléré.

Un travail de la plus grande valeur a été fait récemment par M. Groshens. Les conclusions en ont été publiées par M. Spœrry, membre de la Commission des admissions temporaires, qui avait provoqué et dirigé ce travail.

C'est la comparaison des prix de revient de 19 filatures françaises ou suisses, comprenant en tout 525,000 broches, et de 15 tissages mécaniques comprenant 7,400 métiers. Ces chiffres sont très-considérables et tels que le résultat donne une moyenne à l'abri de toute discussion.

Parmi ces établissements, se trouvent de part et d'autre des usines de premier ordre; aucune n'est dans des conditions de fabrication inférieures.

Les chiffres de dépenses pris comme bases ne sont ni des approximations, ni des hypothèses; ils sont recueillis sur les livres et sur les inventaires des industriels; ce sont des quantités réelles, positives, ramenées aux mêmes unités, et comparées avec la méthode la plus sûre et l'expérience la plus consommée.

M. Minal a publié une brochure où il applique les différences de prix tirés de ce document à toute l'industrie de l'Est et arrive à des chiffres vraiment effrayants :

Voici sommairement les conclusions de M. Groshens :

La broche de filature dans le rayon de l'Est coûte par année en frais de fabrication, abstraction faite des intérêts et de l'amortissement du capital...... Fr.   13 50

En Suisse, elle coûte................. »   10 02

La protection d'équilibre nécessaire par broche et par an est donc de........... Fr.   3 48

Le métier à tisser coûte dans l'Est, abstraction faite des intérêts et de l'amortissement du capital, Fr. 2.26 par jour, ou par an................................. Fr.   678 »»

En Suisse, il coûte................. »   501 »»

Protection de simple équilibre nécessaire par métier et par an................. Fr.   177 »»

La filature d'Alsace travaille au moins à 25 pour cent plus cher de façon que la filature suisse.

Le tissage d'Alsace travaille au moins à 25 pour cent plus cher de façon que le tissage suisse.

En outre, le tissage suisse peut acheter des filés qui ont coûté 25 pour cent moins cher de façon qu'en Alsace.

En filature et en tissage, le salaire moyen d'Alsace est de Fr. 24.50 par personne, pour 12 jours de travail.

En Suisse, il est de Fr. 19, pour le même temps.

Une filature de 22,000 broches prise comme exemple, établie à Mulhouse, dépense pour la même production 76,560 fr. par an de plus qu'en Suisse.

Un tissage de 400 métiers marchant à 150 coups, coûte à Mulhouse 102,000 fr. par an de plus qu'en Suisse.

Deux tableaux, tirés des chiffres que je viens de citer, sont reproduits à la fin de la brochure ; ils mettent en regard, pour les filés et les principaux tissus d'Alsace, les droits protecteurs qui résultent des traités de commerce, et ceux qui seraient nécessaires pour établir simplement l'équilibre des conditions de production entre les deux pays.

On peut y voir en détail les anomalies de la tarification actuelle qui protège d'autant moins les produits qu'ils exigent plus de main-d'œuvre, représentent plus de valeur, et se rapprochent davantage des articles de luxe, de sorte que la fabrication des numéros fins et de certains tissus qui les emploient, est devenue tout à fait impossible en France.

Il faut joindre à ces avantages de la Suisse de grandes différences dans le prix de la matière première. Les cotons, qui ne paient pas de droit en Suisse, ont payé jusqu'ici 5 fr. 60 aux 100 kilogrammes à l'entrée en France, quand ils ne sont pas d'origine anglaise. Le prix de transport de Brême à Bâle est réduit à 44 fr. 45 la tonne, tandis qu'on paie 68 fr. 45 du Havre à Mulhouse, c'est-à-dire 24 fr. de plus par tonne. En employant les voies françaises, l'industriel suisse n'a à payer du Havre à Bâle que 64 fr. 50, c'est-à-dire 4 fr. de moins que l'industriel français, quoique le nombre de kilomètres parcourus soit plus grand. Ces différences ne sont pas à dédaigner. Dans les cas les plus favorables, elles s'élèvent à 56,000 fr. par an sur la production d'une filature de 30,000 broches, c'est-à-dire sensiblement moitié de l'intérêt du capital immobilisé.

Au point de vue commercial, la Suisse est pour les provinces de l'Est une rivale bien plus dangereuse que l'Angleterre. Voisine immédiate de l'Alsace, parlant la même langue, douée des mêmes aptitudes, ayant, au lieu des courants commerciaux bien établis de l'Angleterre, à se créer des débouchés pour une industrie nouvelle, trouvant à sa porte le plus beau marché du monde ouvert avec le libre échange pour les exportations de l'indienne et de la teinture, des droits à peine compensateurs pour les produits communs, et insuffisants pour les produits élevés, la Suisse s'est naturellement dirigée et se dirigera chaque jour davantage vers la fabrication des tissus faits jusqu'ici en Alsace et dans les Vosges.

Du reste, l'accroissement de son industrie n'élèvera pas nécessairement le taux de sa main-d'œuvre. On a souvent démontré que bien que l'ouvrier suisse reçoive des salaires moindres que l'ouvrier alsacien, il se trouve dans une condition analogue, c'est-à-dire qu'il peut satisfaire dans la même mesure à ses besoins. L'ouvrier, que les économistes rangent dans la classe des producteurs, est cependant le plus gros des consommateurs ; il paie sous forme d'impôts indirects et d'octrois le triple du paysan ; car il achète tout ce qu'il consomme, et a malheureusement peu de tendance à l'économie. Si l'on applique à chaque famille ouvrière, composée de trois personnes vivant du salaire d'un seul, la moyenne des charges annuelles qui pèsent sur chaque citoyen français, si l'on fait le même calcul pour la Suisse, on trouve que la différence est d'environ 100 ou 120 fr. par famille d'ouvriers, et explique à peu près la différence du prix de la main-d'œuvre. On ne peut, en pareille matière, arriver à des conclusions rigoureuses ; mais la chose est sensiblement vraie.

L'ouvrier suisse est aussi bien payé que l'ouvrier alsacien ; car on ne peut lui compter et il ne compte lui-même comme salaire que ce qui lui profite directement. Il y a donc peu de raison pour que l'accroissement de l'industrie suisse amène dans la main-d'œuvre une hausse de nature à modifier sérieusement l'économie de sa production ; car il est reconnu, en Alsace, que les salaires sont très-rémunérateurs et permettent à l'ouvrier, s'il est rangé, de faire de petites économies. Il faut ajouter que l'accroissement de la population en Suisse est plus rapide qu'en France, et que la conscription n'y réduit pas le nombre des ouvriers en prenant l'élément le plus énergique et le plus valide. L'industrie suisse peut donc se développer bien au-delà du point qu'elle a déjà atteint.

Ce que je viens de dire de la Suisse ne peut être sérieusement contesté. Mais la contradiction ne serait pas défavorable à la cause que je défends. En effet, si la Suisse n'est pas séparée de nous par un écart de prix de revient aussi important que je l'ai dit, le privilége des admissions temporaires est moins nécessaire aux imprimeurs ; car leur intérêt a pour mesure la différence du prix de revient des deux marchés. Aussi verrons-nous par la suite que, dans leurs dépositions, ils tendent plutôt à augmenter les avantages de la Suisse, en rappelant les plus grands écarts de prix qui aient existé entre les deux marchés.

IV

LE DÉCRET DU 13 FÉVRIER 1861. — LES ENQUÊTES.

Je rappelle brièvement les circonstances dans lesquelles l'industrie de l'impression obtint le décret du 13 février 1861.

La faculté d'admission temporaire admise par la loi de 1836 était en quelque sorte la soupape de sûreté du régime prohibitif. La filature et le tissage français étaient protégés d'une manière absolue par la prohibition des écrus ; il semblait logique de donner au Gouvernement le moyen de développer les industries d'exportation par le bénéfice des admissions temporaires, et cependant l'exposé des motifs faisait les réserves les plus sévères pour les industries textiles, et l'on resta vingt-cinq ans sans en faire usage.

Comment, le lendemain du jour où le traité de commerce avec l'Angleterre, suivi d'autres traités avec les nations les plus industrielles du continent, ouvrait nos portes avec des droits à peine compensateurs, le Gouvernement donna-t-il à l'impression et à la teinture la faculté qui leur avait toujours été refusée sous le régime prohibitif? Notre industrie allait entrer en lutte contre l'étranger, avec des armes défensives bien amincies par les négociateurs français qui marchandaient durement en détail à leurs compatriotes la protection maximum de 30 pour cent, sagement réservée par l'Empereur. On jugea impossible de conserver à l'industrie cotonnière moins qu'une protection variant de 10 à 13 pour cent; car on peut supposer, d'après le caractère connu des négociateurs, qu'on ne lui donnait rien au-delà du strict nécessaire. Qui pouvait supposer que le lendemain, on enlèverait d'un trait de plume à la filature et au tissage, l'un de ses débouchés les plus importants? Ces industries fournissaient à l'impression les deux millions de kilogrammes de tissus destinés à l'exportation; et lui permettre de les prendre à l'étranger sans droits, n'était-ce pas virtuellement les enlever à la filature et au tissage, pour lesquels des droits protecteurs de 10 à 13 pour cent avaient semblé nécessaires? Si l'on ne veut y voir un véritable acharnement contre l'industrie, n'est-ce pas le renversement de toute logique dans la façon de procéder?

Et comment surtout, donna-t-on aux imprimeurs *plus qu'ils ne demandaient*, en leur accordant l'entrée en franchise de *tous* les tissus écrus?

Je cite textuellement la déposition de M. Jean Dollfus, dans l'enquête de 1860 (page 125) :

« La fabrication des toiles peintes demande la libre entrée des tissus, des calicots étrangers, surtout pour les tissus les plus courants et les plus ordinaires ; elle n'en a pas autant besoin pour les tissus fins et légers, parce que, pour ceux-ci, il est plus facile d'obtenir des prix de vente assez convenables pour qu'il soit possible de les payer un peu plus cher en France qu'en Angleterre. »

Citation textuelle du même manufacturier (page 142) :

« Je ne demande que l'introduction des tissus ordinaires et non celle des tissus fins. »

Citation textuelle de la déposition de M. Gros, de Wesserling (page 461) :

« Je crois que cette faculté d'introduire des tissus étrangers à charge de réexportation pourrait être admise pour des tissus communs, pour les tissus ayant 44 fils au quart de pouce et pesant 8 kilogrammes au moins par cent mètres, parce qu'il est reconnu que les articles imprimés sur ces tissus ne s'exportent pas du tout .... mais je ferai une réserve pour les tissus plus fins, pour les jaconas et les organdis............ Notre maison seule en exporte 60,000 pièces. Le jour où nous n'achèterions plus ces 60,000 pièces sur le marché français, nous porterions un préjudice assez grave aux tisseurs qui les font. Ces tisseurs se sont montés avec intelligence; nous les avons encouragés à produire les tissus de ce genre; je me demande donc si, en ce qui les concerne, il ne serait pas convenable d'attendre et de voir l'effet que produiront les nouveaux tarifs sur l'industrie du tissage. »

Bien que je m'occupe principalement de l'Alsace, il n'est pas sans intérêt de rappeler la déposition des imprimeurs de Rouen dans cette enquête (pages 431, 432, 433). Deux imprimeurs de Rouen, MM. Barbier et Cordier, questionnés sur les admissions temporaires, réservent leur opinion; un troisième, M. Hazard, qui s'était risqué à demander cette mesure en disant qu'elle n'aurait pas, selon lui, d'effet sensible, retire cette proposition bien modeste devant l'attitude de ses collègues.

L'industrie des toiles peintes a donc obtenu plus qu'elle

n'avait demandé par ses représentants les plus importants et les plus autorisés; mais on était peut-être recon-
naissant de l'attitude *libérale et désintéressée* de quelques-
uns d'entre eux, dans l'enquête de 1860.

Sept ans plus tard, en 1868, nous assistons à une enquête, motivée par les plaintes de l'Est et de la Normandie. La plupart des imprimeurs trouvent que ce qui a été
bon à prendre est excellent à garder. La maison de Wesserling est à la fois moins absolue et plus confiante dans
les ressources de son industrie.

Je cite textuellement la déposition de M. Gros. (Enquête
de 1868, page 188).

« ..... Dans un esprit de conciliation et pour donner satisfaction, dans une certaine mesure, aux réclamations de nos adversaires,
je serais disposé à renoncer aux avantages du décret en ce qui
concerne les tissus fins, à partir de ceux ayant aux 5 millimètres
carrés 25 fils au moins et pesant aux 100 mètres carrés moins de
4 kilog. 75. Je crois que, pour ces tissus, sur lesquels nous im-
primons principalement les articles ayant un cachet de nouveauté,
nous pourrons arriver à lutter encore avantageusement sur les marchés étrangers avec une différence de 5 cent. 1/2 par mètre,
montant du droit que nous aurions à payer pour les tirer de
l'étranger. »

Mais de même qu'après l'enquête de 1860 les imprimeurs avaient obtenu plus que ne demandait M. Jean
Dollfus, de même après celle de 1868, ils conservèrent
plus que ce qui semblait suffisant à M. Gros.

La mesure prise à la suite de cette enquête, et qui con-
sista à réduire de deux mois le délai d'exportation, n'avait
aucune efficacité et ne contenta personne. L'admission
temporaire est en effet bonne ou mauvaise. Si elle est

bonne, pourquoi importuner les imprimeurs par une restriction simplement gênante, et sans profit pour la filature et le tissage? Si elle est mauvaise, pourquoi ne pas revenir d'une façon nette à d'autres errements?

Quant à l'enquête de 1869, elle a produit moins encore, et son seul résultat a été le renvoi de la cause, après une étude de huit mois, devant le Conseil supérieur du commerce; mais voilà ce qu'on peut sans crainte appeler une question étudiée.

V

PROMESSES DES IMPRIMEURS.

Sans trop approfondir les causes qui ont amené le Gouvernement à se montrer si libéral à l'égard des imprimeurs, je puis du moins rappeler les brillantes perspectives qu'ils faisaient alors miroiter aux yeux des juges de l'industrie française.

Je cite M. Jean Dollfus (enquête de 1860, page 129) :

« Je crois que, dans ces conditions (si les admissions temporaires étaient permises) notre exportation, qui n'est aujourd'hui que de 25 à 30 millions, s'éleverait assez promptement à 100 millions. Je suis persuadé qu'il resterait en France au moins 80 millions pour 15 ou 20 millions que nous donnerions à l'étranger, année moyenne, soit pour les cotons en laine, soit pour les filés et tissus exportés. »

Nous reviendrons plus tard sur ces valeurs et sur ces promesses ; nous nous bornons ici à les citer,

VI

POINTS IMPORTANTS A ÉTABLIR.

Les points importants à établir sont les suivants :

1° L'impression n'a pas ou a peu développé son exportation sous le régime des admissions temporaires.

Il s'exporte sous ce régime moins de tissus imprimés d'origine française, qu'avant le décret du 13 février 1861.

2° Les admissions temporaires font baisser les cours français, et cette baisse n'atteint pas seulement les tissus achetés en vue de l'exportation, mais l'ensemble de la production.

Si ces points sont bien établis, on sera forcé de reconnaître que la mesure est nuisible à la filature et au tissage.

VII

L'EXPORTATION DES TISSUS IMPRIMÉS EST STATIONNAIRE,
SINON DÉCROISSANTE, DEPUIS DIX ANS.

Il s'exporte, sous le régime des admissions temporaires,
moins de tissus français imprimés qu'avant le décret du
13 février 1861.

La démonstration est directe. J'extrais les chiffres des
tableaux officiels des douanes.

Exportation des tissus imprimés français.

1858. . . . . 2,083,289 kil.
1859. . . . . 2,100,477 —
1860. . . . . 1,810,589 —

L'exportation est tombée très-bas pendant les années de
1861 à 1864 ; c'est le fait de la guerre d'Amérique et des
prix élevés du coton. Je néglige cette période et je prends
les exportations des trois dernières années.

Années.	Tissus français.	Importations temporaires.	Total.
1865	2,065,060 kil.	373,245 kil.	2,438,305 kil.
1866	1,917,259 —	638,991 —	2,556,250
1867	1,672,373 —	811,316 —	2,483,689

En 1868, on a exporté 1,673,307 kil. de tissus français, mais le chiffre des admissions temporaires n'est pas
encore publié ; je ne crois pas qu'il soit plus fort qu'en 1866.

La comparaison de ces chiffres amène aux conclusions suivantes :

Dans chacune des trois années qui précèdent le décret, il a été exporté en poids plus de tissus imprimés français que dans les trois années correspondantes qui suivent.

L'exportation des tissus français décroît chaque année.

Le chiffre total des exportations, obtenu en ajoutant aux tissus français les tissus étrangers admis temporairement, reste sensiblement le même de 1865 à 1867.

La décroissance de l'exportation des tissus français est compensée par une augmentation parallèle des importations temporaires. L'impression n'exporte pas plus en 1867 qu'en 1865; mais elle a, chaque année, remplacé environ 200,000 kil. de tissus français par des tissus étrangers.

Toutefois, cette argumentation ne porte que sur les poids. Les poids ne représentent pas tout et ne sont même qu'une indication de peu d'importance, quand on les compare à la valeur. Si chaque kilogramme exporté en 1867, par exemple, représente une valeur plus grande qu'en 1859, il faudrait en tenir compte; car la valeur est la vraie représentation du travail.

Cependant les poids ont leur mérite, et nos adversaires n'ont rien négligé pour les mettre de leur côté. Une polémique intéressante a été échangée l'an dernier dans l'*Industriel alsacien* entre M. Dollfus et quelques manufacturiers de l'Est, MM. Herzog, Spœrry, Wehrlin, etc. Cette polémique a été réunie en une brochure, intitulée : *Le pour et le contre sur l'admission temporaire des tissus.* M. Dollfus démontrait aux filateurs à demi-ruinés qu'ils étaient en train de s'enrichir. Il prouvait ensuite l'immense développement de l'industrie des impressions, en confondant l'exportation des tissus *teints* avec celle des tissus imprimés. La teinture, qui ne se sert presque pas, sinon pas, des admissions temporaires, a en effet développé constamment ses exportations pendant que celles de l'impression suivaient la marche décroissante que nous venons de dire; il ne s'exportait, en 1859, que 1,064,548 kilogrammes de tissus teints, tandis qu'en 1867, l'exportation s'est élevée à 1,771.402 kil.; et, soit dit en passant, des deux industries admises à profiter des importations temporaires, il est curieux de voir rester stationnaire celle qui en fait usage, et grandir celle qui ne s'en sert pas.

M. Dollfus réunissait les chiffres des deux industries et attribuait au développement de la sienne tout l'accroissement qui résultait de ce mélange. Puis il triomphait facilement.

La controverse ayant enlevé ce terrain à M. Dollfus, il se réfugie maintenant derrière les valeurs. Une note, qu'il a remise à ce sujet à l'enquête de 1868, a été jointe aux procès-verbaux (page 177). Cette note est reproduite comme pièce à l'appui dans la dernière pétition des imprimeurs. Je la publie une troisième fois tout entière.

NOTE DE M. JEAN DOLLFUS

Imprimeur sur étoffes à Mulhouse.

ACCROISSEMENT DES EXPORTATIONS DE L'ALSACE DEPUIS 1861.

Lorsque j'ai été entendu dans l'enquête ouverte par le Comité des Arts et Manufactures, relativement à l'entrée des tissus à charge de réexportation, j'ai affirmé que nos exportations en tissus imprimés avaient doublé depuis que nous avons la faculté d'avoir nos matières premières (les tissus écrus) au plus bas prix possible.

A la suite de mon affirmation, l'un de Messieurs les Membres de la Commission, M. Amé, a observé que cependant, l'exportation en kilogrammes, en 1866 et 1867, comparée à celle qui a eu lieu en 1859 et 1860, avant la faculté d'introduire les tissus étrangers, n'était pas en rapport avec mon indication. J'ai répondu à M. Amé que le poids ne pouvait indiquer exactement la valeur; que, depuis quelques années, nos exportations en *tissus légers, fins*, étaient beaucoup plus considérables que précédemment, et que la valeur moyenne du kilogramme avait, par suite de cela, considérablement augmenté depuis six ou sept ans; que la cherté du coton avait produit aussi un changement assez notable, en rendant plus avantageuse la vente des tissus légers, des tissus faits avec des fils plus fins que précédemment.

Toutefois, pour que mon assertion ne puisse être mise en doute, j'ai voulu connaître exactement l'augmentation de production de chacun de nos principaux établissements de tissus imprimés.

Nos fabriques les plus importantes dans le Haut-Rhin sont :

MM. Dollfus-Mieg et Ce; Steinbach-Kœchlin et Ce; Frères Kœchlin; Hofer-Grosjean; Gros, Roman, Marozeau et Ce; Paraf-Javal frères et Ce; Heilmann frères.

Ces maisons, réunies, ont imprimé, en chacune des années 1866 et 1867, au moins 400 à 450,000 pièces de 100 mètres, soit les deux tiers environ de la fabrication totale. Elles m'ont remis les notes incluses, indiquant l'augmentation énorme de leur fabrication depuis quelques années, et les progrès considérables des exportations relativement à la consommation française.

MM. Dollfus-Mieg et Ce qui,
en 1859, n'avaient fabriqué que 78,000 pièces de 100 mètres
et 75,000 en 1860, en ont imprimé
126,000 en 1866 et
116,000 en 1867.

Ils ont exporté
en 1859, pour 5,094,000 francs, et
en 1860, pour 4,705,000 francs
contre 10,774,000 francs, en 1865,
et 12,743,000 francs, en 1866.

MM. Steinbach, Kœchlin et Ce ont plus que doublé, en 1865 et 1866, leur production de jaconas et de percales, comparativement aux années qui ont précédé, et ont vendu au moins les trois quarts de ces articles à l'Etranger.

MM. Frères Kœchlin ont produit
en 1861 pour 4,080,000 francs de tissus imprimés, dont
1,702,000 francs ont été exportés;
et, en 1866, ils en ont produit pour 5,500,000 francs, dont 3,659,000 francs exportés;
en 1867, ils en ont produit pour 5,600,000 francs, dont 4 millions 392,000 fr. exportés.

La maison Hofer-Grosjean a produit :

en 1859 — 33,821 pièces , sur lesquelles 23.927 ont été exportées
en 1860 — 30,822 »   »   22,016   »   »
                tandis que
en 1866 elle a produit 54,151 pièces, sur lesquelles 47,406 exportées
et en 1867   »   54,700   »   »   43,396   »

MM. Gros, Roman , Marozeau et Cᵉ, au lieu de

40,000 pièces de 100 mètres en 1859
et 35,000   »   »   »   en 1860
                ont imprimé
60,000 pièces   en 1866
et 70,000   »   en 1867

Cette maison a donc presque doublé sa production. Elle exporte en proportion une partie infiniment plus grande de sa production qu'autrefois, au moins les sept huitièmes de sa fabrication totale.

MM. Paraf-Javal frères et Cᵉ déclarent avoir doublé leurs exportations, comparativement à celles qu'ils ont faites en 1859 et 1860.

MM. Heilmann frères ont imprimé

en 1859 et 1860 ensemble ,   43,500 pièces ,
» 1866 et 1867   »   60,000   »

ils ont donc augmenté notablement leur fabrication.

Leur vente en France, comme pour les autres fabricants , a aussi diminué, tandis que leur exportation a beaucoup augmenté.

Il n'est donc pas douteux que nos exportations, comparées à celles de 1859 et 1860, sont arrivées à un chiffre qui peut bien être évalué aujourd'hui à une somme de 40 millions de francs, tandis qu'elles n'étaient que d'une vingtaine de millions avant 1861, et il est permis d'espérer que cette vente grandira énormément encore par le maintien indispensable du décret de 1861, tel qu'il a été rendu.

J'extrais les chiffres suivant du Tableau général du commerce de la France, publié chaque année par l'administration des douanes.

Je prends les années citées par M. Jean Dollfus :

	Exportation en kilog., chiffres bruts.	Valeur en francs.	Valeur du kilog net, sans embal.
1859	2,100,477	18,064,102	8,60
1860	1,810,529	15,571,065	8,60
1866	2,083,977	17,734,646	9,25
Admissions temporaires.	572,392	4,796,645	
Total de 1866........		22,531,291	
1867	1,672,583	10,838,340	7,20
Admissions temporaires.	848,760	5,814,006	
Total de 1867........		16,652,346	

Ainsi, M. Dollfus affirme que les exportations de l'Alsace seule, en tissus imprimés, atteignent 40 millions de francs, et *pour la France entière*, les chiffres des douanes indiquent une exportation de 16,652,346 fr. en 1867.

M. Dollfus affirme que la valeur moyenne du kilogramme de tissu imprimé a considérablement augmenté de 1859 à 1867, et la Commission des valeurs évalue le kilogramme, en 1859, à 8 fr. 60 c., et en 1867, à 7 fr. 20 c. (*)

M. Dollfus affirme que les exportations d'Alsace, en tissus imprimés, ont doublé depuis 1859, et pour toute la France on exportait une valeur de 18,064,102 en 1859.

(*) *Note.* Bien qu'il ne soit pas question de l'année 1868 dans la note de M. Dollfus, il est juste de dire que, cette année, la Commission des valeurs estime le kilogr. à 10 fr.; mais, en appliquant cette valeur aux 1,673,378 kil. de tissus français exportés en 1868, on serait encore beaucoup au-dessous des exportations de 1859, et en y ajoutant les admissions temporaires, on n'arriverait guère qu'à la moitié des 40 millions de M. Dollfus.

tandis qu'*en comprenant les admissions temporaires*, on n'exporte plus que 16,652,346 fr. en 1867.

Que dirais-je sans affaiblir l'effet produit par la comparaison seule des chiffres. S'il y a malentendu, qu'on veuille bien nous l'expliquer. Mais si, comme j'ai lieu de le croire, les chiffres des douanes sont exacts, que reste-t-il des assertions de M. Dollfus?

Je reprends à un autre point de vue la note que j'ai citée. Cette note contient des chiffres exagérés, ou du moins contradictoires avec les enquêtes précédentes. Elle est de plus conçue de façon à amener le lecteur inattentif à des conclusions erronées.

Je vais prouver mes deux assertions :

M. Dollfus a déclaré dans l'enquête de 1860 (page 127) une exportation de 6 millions de francs à peu près pour sa fabrique d'indienne.

Dans sa note, il déclare qu'il exportait, en 1859, pour 5,094,000 fr., et en 1860, pour 4,705,000 fr.

Voilà donc environ 1 million qui s'est égaré depuis 1860.

MM. Gros, Odier, Roman, de Wesserling, déclarent dans l'enquête de 1860 (page 152) avoir imprimé, l'année précédente, 4,647,000 mètres de coton pour une somme de 6,254,700 fr. Aujourd'hui M. Dollfus dit qu'ils imprimaient :

En 1859. . . . 40,000 pièces de 100 mètres.
En 1860. . . . 35,000 — —

Voilà encore un million égaré, car d'après la déposition même, le mètre valait environ 1 fr. 40 c.

M. Dollfus donne sa production pour 1866 et 1867 en

nombre de mètres ; il ne donne pas le même renseigne-
ment pour 1865 ; mais il donne la valeur totale de ses
exportations en 1865 et 1866. Elles sont de 10,774,000 fr.
en 1865, et de 12,743,000 fr. en 1866. Ainsi M. Dolfus
donne les valeurs de 1865, bien qu'il n'ait pas donné les
longueurs; il ne donne pas les valeurs de 1867, bien qu'il
ait donné les longueurs.

Dans tout ce qui suit sur ses confrères, sauf pour
MM. Frères Kœchlin, M. Dollfus donne seulement des
longueurs pour 1866 et 1867, bien qu'il n'ait donné aucune valeur pour cette dernière année. Pourquoi ces pré-
cautions ?

C'est que le lecteur, étranger à l'industrie cotonnière,
est naturellement disposé à appliquer aux longueurs de
1867, qui sont à la fois les plus fortes et les plus récentes,
en date, les valeurs de 1865 et 1866, seules données
par M. Dollfus, et à en conclure la possibilité du total de
40 millions auquel on désire l'amener.

Or, d'après la Commission des valeurs, le kilogramme
de tissus imprimés exportés valait 10 fr. en 1865 ; en
1866, il valait 9 fr. 25 c. ; tandis qu'en 1867, il ne valait
plus que 7 fr. 20 c. Ces énormes différences tiennent aux
prix des cotons.

La différence entre 1867 et 1866 est de 2 fr. 05 par kil.
—   1867 et 1865 — 2   80 —
ou près du tiers de la valeur.

Je crois avoir prouvé ce que j'avançais en commencant
l'examen de la note de M. Dollfus. Ce serait, à mon avis,
fort mal traiter l'administration des douanes et la Commission des valeurs, de mettre sérieusement leurs chiffres

en balance avec ceux du document que je viens d'ana-
lyser.

Qu'il me soit encore permis de faire justice, au moyen
des tableaux des douanes, d'une autre exagération. M.
Dollfus a toujours parlé des bénéfices immenses que lais-
sait au travail national l'importation temporaire. J'ai re-
produit plus haut, page 18, une de ses assertions.

Or, l'administration des douanes prend soin, chaque
année, de faire estimer la valeur des écrus qui entrent à
charge de réexportation. Pour 1867, où l'exportation a
été la plus considérable et a atteint 848,760 kilogrammes,
nous trouvons une valeur à l'entrée, de 3,734,544 fr., et
une valeur à la sortie, de 5,814,006 fr. La différence est
de 2,079,462 fr. qui représente la somme acquise par le
travail national.

Dans l'année la plus favorable du nouveau système,
nous sommes loin d'exporter les 100 millions annoncés
par M. Dollfus ; mais bien plus loin encore, on le voit,
de gagner les 80 millions qu'il promettait en 1860.

Je ne prétends du reste pas nier le développement des
affaires de M. Dollfus et de deux ou trois de ses confrères ;
mais si les documents des douanes ne sont pas absolument
faux, et je ne le crois pas, car ils sont d'accord avec ce
que les filateurs et tisseurs savent personnellement de la
diminution des achats de l'impression, il est évident qu'il
y a eu dans d'autres maisons une décroissance à peu
près correspondante. L'expérience a donc prononcé contre
le développement de l'industrie des toiles peintes, et con-
damné les admissions temporaires, à moins qu'on ne
veuille les conserver pour M. Dollfus et deux ou trois autres
imprimeurs.

VIII

CE QUE LA FILATURE ET LE TISSAGE PERDENT
AUX ADMISSIONS TEMPORAIRES.

J'arrive au point le plus important. Que l'impression gagne aux admissions temporaires, cela ne fait pas de doute, et j'ajouterai : cela ne porterait ombrage à personne, si personne n'en souffrait.

Mais il n'en est pas ainsi, et la filature et le tissage y perdent infiniment plus que l'impression n'y gagne. Elles y perdent de deux façons ; elles y perdent d'abord d'une manière directe par les tissus étrangers qui se sont substitués aux produits nationaux. Les chiffres des douanes que nous avons cités plus haut en donnent la mesure exacte.

En 1859, on exportait en produits imprimés sur tissus français 2,100,477 kilogrammes pour 18,064,102 fr. En 1867, on n'exporte plus que 1,672,583 kilogrammes pour 10,858,340 fr. La différence est de 527,894 kilogrammes et de 8,225,742 fr. Pour 1868, on exporte 1,673,000 kil. pour 16,730,000 fr. La perte en valeur est énorme en 1867, comparativement à la perte en poids ; elle indique la quantité de travail qui a été perdue pour l'industrie française ! En déduisant le prix du coton, le pays a perdu là, en main-d'œuvre seulement, au moins le double des 2,079,000 fr. représentant, comme je viens de le dire, toute la plus-value donnée par l'impression aux tissus importés temporairement dans la même année.

Mais, si considérables que soient ces chiffres, ils ne montrent que le petit côté de la question ; l'effet indirect est beaucoup plus sérieux. Les admissions temporaires font baisser les cours français ; et cette baisse n'atteint pas seulement les tissus achetés en vue de l'exportation, mais l'ensemble de la production. De la sorte, la protection que les traités de commerce ont voulu ménager à l'industrie cotonnière lui est enlevée, et elle subit à peu de chose près le régime du libre échange. Il est facile de le prouver.

Depuis quelques années, la position normale du marché des tissus écrus en France est, sinon l'encombrement, au moins la prédominance de l'offre sur la demande. En effet, rien ne prouve que la consommation des tissus blancs ou teints se soit augmentée d'une façon sensible depuis 1860. La consommation, sous forme de tissus imprimés, s'est certainement réduite par la concurrence des articles de Roubaix, dont les prix sont avilis par d'immenses importations anglaises. Pour le mouvement avec l'extérieur, les documents des douanes fournissent les chiffres suivants : il s'est importé en France, à l'acquitté, en 1868, pour 30,100,000 francs de fils et tissus de cotons, contre 1,300,000 fr. de filés en 1859 ; il s'est exporté, en 1868, pour 56,300,000 fr. de filés et tissus, contre 68,100,000 en 1859.

Les importations ont augmenté de 29 millions ; les exportations ont diminué de 12 millions. C'est donc une balance en chiffres ronds de 40 millions de produits qui existent de plus sur le marché français. Il faut bien dire 50 millions de francs, si l'on veut tenir compte des atténuations de valeurs déclarées à l'importation. De plus, entre 1860 et 1864, la filature et le tissage avaient continué à se développer, surtout dans l'Est de la France, à peu près comme avant le traité de commerce. L'industrie n'est devenue stationnaire, ou n'a commencé à décroître qu'à partir de 1865, quand les effets du nouveau régime se sont fait sentir à la fin de la guerre d'Amérique ; mais la production est certainement plus considérable qu'en 1860.

En ajoutant l'un à l'autre ces différents motifs d'encombrement, on doit trouver sur le marché français pour 60 ou 70 millions de francs de plus qu'avant 1860, c'est-à-dire le dixième au moins de la production nationale.

Personne n'ignore l'effet que produit sur le prix des céréales un déficit ou un excédant de récolte du dixième. La même chose se passe dans le commerce cotonnier. Dans ces conditions, le sort du producteur, même sans les admissions temporaires, eût été plus que médiocre. Les admissions temporaires le rendent désastreux.

Placé le plus souvent en face d'un marché encombré, l'imprimeur offre des prix basés sur ceux auxquels il pourrait importer de Suisse ou d'Angleterre ; on lui cède généralement ; il emploie les tissus pour sa fabrication destinée à l'intérieur ; il achète ainsi 10, 20, 30,000 pièces de calicot aux prix suisses, *sans être forcé d'en exporter une seule.* Si le vendeur ne savait pas qu'il existe un maximum impitoyable au-dessus duquel il ne pourra s'élever, maximum donné par les prix suisses, il défendrait sa position avec bien plus de fermeté.

Suivant une remarque de M. Jean Schlumberger, les imprimeurs, grâce à la faculté qu'ils ont d'importer des tissus étrangers sans payer de droits, finissent par imposer le prix étranger aux tisseurs français, *lors même que le prix français serait suffisamment bas pour leur permettre d'exporter avec avantage ;* et ce prix s'applique non seulement à ce qu'ils exportent, mais à ce qui est destiné à la vente sur le marché national.

Quand viennent les rares moments qui pourraient donner quelque compensation à l'industrie, l'imprimeur trouve plus de résistance chez ses vendeurs ; *il se sert alors réellement de l'admission temporaire ;* il laisse les tissus écrus s'accumuler sur le marché ; et comme ces périodes de bien-être sont généralement courtes, il a bientôt raison des résistances.

M. Jean Schlumberger a très-justement défini les admissions temporaires dans l'enquête de 1868. Il les compare à une échelle mobile en sens inverse. Quand les tissus sont rares, l'effet de l'admission temporaire est momentanément suspendu. Dès que l'industrie souffre, cette faculté permet à l'imprimeur de peser sur les cours et de les ramener au niveau des prix de la Suisse ou de l'Angleterre, et souvent bien au-dessous, enlevant ainsi tous les droits qui devraient protéger la filature et le tissage.

Les personnes qui croient possible pour le producteur de résister longtemps à des cours défavorables, ignorent complétement les nécessités des affaires. On ne peut refuser constamment à sa clientèle de vendre au cours qui se pratique ; on risquerait de l'envoyer chez ses concurrents et de l'y voir rester. La résistance devient du reste plus difficile à mesure que certains producteurs s'amoindrissent davantage dans leur fortune ; un industriel ruiné n'est pas un concurrent qui disparaît ; bien au contraire, c'est un concurrent mille fois plus redoutable ; car, tant qu'il reste à la tête de ses affaires, le besoin de faire face à ses échéances l'amène à vendre à tout prix ; et, quand il est dépossédé , l'acquéreur de l'usine au tiers ou au quart de sa valeur peut accepter , sans perdre , des conditions ruineuses pour ses concurrents. Sous ce rapport , notre marché tend chaque année à devenir plus mauvais.

M. Edouard Kœchlin a fait, dans l'enquête de 1868, une réflexion que je trouve profondément juste. L'abrogation du décret de 1861 n'influerait peut-être pas sensiblement sur les prix moyens ; mais elle éleverait beaucoup les prix *minima*. Le résultat serait de rendre les crises moins cruelles, et de ne pas donner à l'industrie le coup de grâce.

Je crois avoir indiqué les principaux arguments par lesquels on peut prouver directement l'influence des admissions temporaires sur les cours des tissus. Il est une autre démonstration plus saisissante , analogue aux démonstrations par l'absurde employées en mathématiques.

M. Jean Dollfus a déclaré dans l'enquête de 1868, que les bénéfices de l'impression étaient de 3 1\|2 pour cent en moyenne sur l'importance des affaires traitées. M. Steinbach a admis une moyenne de 4 pour cent (p. 98). Ces chiffres sont fort au-dessous de ce qu'on croit généralement. J'admettrai pourtant celui de M. Steinbach dont les déclarations ont toujours été très-sérieuses et très-mesurées.

La valeur annuelle des affaires faites dans l'Est par l'impression peut être évaluée à 50 millions. Ce chiffre est bien modeste , et nous serions obligés de l'élever beaucoup si nous admettions avec M. Dollfus que l'exportation seule est de 40 millions. Le bénéfice annuel de l'impression , pour le rayon de l'Est , serait donc moyennement de 2 millions.

En 1868 , on a importé temporairement, par le bureau

de douane de Mulhouse : 155,510 pièces de tissus écrus, pesant 455,692 kilogrammes et mesurant en longueur 8,086,054 mètres. Ces tissus sont des calicots et des jaconas. Le droit à payer à l'entrée eût été de 5 c. par mètre. (Pétition des imprimeurs, p. 13.)

« L'expérience indique qu'avec un écart qui est d'en-
» viron 2 centimes pour calicots et jaconas, la préférence
» à l'achat des tissus à réexporter reste acquise au marché
» français. » (Citation textuelle de la pétition des imprimeurs, p. 11.)

Nous croyons qu'il n'en est pas toujours ainsi; mais, puisque ces Messieurs le disent, nous l'admettons bien volontiers pour le moment. MM. les imprimeurs n'auraient donc eu, en tout, d'après leur propre déclarations, qu'un avantage de 3 cent. par mètre à s'adresser à l'étranger. Cet avantage de 3 centimes sur 8,086,054 mètres fait une somme de 242,581 fr. 62 c.

242,581 fr. comparés à une production de cinquante millions, à un bénéfice de deux millions ; voilà les chiffres auxquels se réduit toute la question ! La montagne accouche d'une souris.

Et le sort de l'impression tiendrait à ces 242,581 francs !

Et le retrait du droit d'admission temporaire serait à coup sûr le signal de la décadence de cette industrie! (Page 2 de la pétition.)

Et c'est pour reprendre à l'indienne ces 242,581 fr. que depuis trois ans la filature et le tissage de l'Est pétitionnent et s'agitent sans relâche !

Et ce sont les 1,000 fr. environ que la répartition de ce maigre dividende donnera annuellement à chacun d'eux, sur lesquels les filateurs et les tisseurs de l'Est comptent pour rétablir leur situation ébranlée !

M. Géliot, député des Vosges, faisait l'an dernier, à la Chambre, le bilan du libre échange, en ce qui concerne l'industrie cotonnière : « Trois sous de différence par chemise, disait M. Géliot ; si les intermédiaires n'en gardent pas une partie, voilà le libre échange! »

Mais ici ce n'est pas un demi-centime par mètre sur l'ensemble de la production des imprimeurs ; voilà l'importation temporaire !

Il y a donc autre chose; nos adversaires le savent aussi bien que nous. Sur les 50 millions de mètres qu'ils achètent annuellement dans l'Est, ils gagnent peut-être en moyenne ces 5 centimes par les atténuations de valeur. C'est donc 1,500,000 fr. qu'ils trouvent aux dépens des filateurs et des tisseurs.

Ceux-ci ne perdent-ils pas plus? S'il en était ainsi, ce ne serait qu'un déplacement de profits. Mais la production est de 500,000,000 de mètres; elle suit tout entière les cours établis par les importations temporaires, et sans parler en rien de l'industrie normande et de l'industrie du Nord, la filature et le tissage de l'Est perdent 6 fr. par chaque franc que gagne l'impression, 9,000,000 dans notre hypothèse, — pour 1,500,000 que gagne celle-ci, — ces chiffres n'ont bien entendu rien d'absolu; la proportion seule est réelle.

Mais il y a l'intérêt du consommateur. C'est lui bien certainement qui retrouve en partie, sur le prix des tissus teints, blanchis ou écrus, ce que l'imprimeur n'a pu prendre. Je suis loin de le nier, bien que les intermédiaires en gardent beaucoup plus qu'on ne croit. En ramenant, comme le faisait M. Géliot, le profit du consommateur au fait pratique, il ne gagne pas, par chemise, la moitié du prix d'un blanchissage.

Cela vaut-il le sacrifice de l'industrie cotonnière, qui se meurt à ce régime? Le Gouvernement prévoyait-il de pareils résultats, en donnant aux imprimeurs le décret du 13 février 1861?

Parlons plus sérieusement : sur 14,169,739 kilogr. de tissus imprimés exportés de 1861 à 1867, la France en a donné 10,377,860, c'est-à-dire les trois quarts. Je reproduis un raisonnement de M. Bian dans l'enquête de 1868. De deux choses l'une : la France a fourni la presque totalité des tissus exportés au même prix que l'étranger par l'effet seul de la concurrence intérieure ; dans ce cas, la fabrique d'indiennes peut trouver son approvisionnement en France et n'a pas besoin de la faveur qui lui est faite. Si, au contraire, la fabrique française n'a fait cette fourniture que sous la pression des prix étrangers, il est évident que les prix en France ont été déprimés par les admissions temporaires, et que les droits protecteurs qu'on a voulu accorder au marché intérieur sont annihilés, non-seulement sur les tissus exportés, mais sur l'ensemble de la production.

Il est impossible de répondre à ce dilemme.

Comme M. Marin, de Bühl, le disait dans une lettre récemment publiée dans l'*Industriel alsacien*, trois fois sur quatre depuis sept ans, on a pu acheter en France très-sensiblement au même prix qu'en Suisse. Les cours auxquels se traitent les affaires pour l'exportation sont du reste ceux du marché intérieur. Quel est en effet le fabricant ou le commissionnaire qui consentirait à vendre au prix de la Suisse, si le cours de nos marchés était de 12 à 15 pour cent plus élevé? Donc, trois fois sur quatre, les cours des produits français ont été l'équivalent de ceux de la Suisse *sans droits*. Les droits n'existent plus que sur le papier. Et voilà, en passant, une réponse à ceux de nos adversaires qui opposent à nos réclamations les souffrances universelles de l'industrie cotonnière, et disent que les industries étrangères souffrent autant que nous. Il est mathématiquement démontré que nous avons souffert plus que la Suisse, puisque trois fois sur quatre nous avons subi sensiblement ses prix de vente en produisant à 25 pour cent plus cher.

Un dernier mot sur ce sujet. Quinze maisons ont signé la dernière pétition des imprimeurs, où se trouvent les phrases suivantes :

« Le décret d'admission temporaire n'est cependant que le brevet de vie, la condition normale d'une industrie exportant la plus grande partie de ses produits ! Son retrait... serait à coup sûr le signal de la décadence de notre industrie, et peut-être même celui de son irrémédiable déplacement. »

Si ces maisons veulent donner un gage irréfutable de sincérité, que chacune d'elles publie immédiatement le détail en poids, année par année, des importations temporaires qu'elle a faites depuis 1861. Si, comme j'en ai la conviction, plusieurs signataires de la pétition du 1er février dernier n'ont usé de la faculté d'admission temporaire que pour des quantités dérisoires, ou même pas du tout, ne faut-il pas admettre ou qu'ils ont donné une signature de complaisance, ou que l'effet indirect du privilége est la cause de l'importance qu'ils y attachent ?

IX

DÉPLACEMENT DES FABRICATIONS. — EFFETS DES ADMISSIONS TEMPORAIRES SUR LE NORD ET LA NORMANDIE.

Les personnes étrangères à l'industrie ne voient peut-être pas bien comment la baisse sur le calicot ordinaire et le jaconas dont se composent presque toutes les admissions temporaires, atteint les autres produits plus nombreux qui ne sont pas destinés à l'impression, et n'ont pas de cotes régulières sur le marché de Mulhouse.

C'est un effet de déplacement fort simple. Laisser sans protection certaines sortes, revient à n'en plus protéger aucune. Les broches et les métiers à tisser, qui faisaient autrefois des tissus d'exportation, sont maintenant employés, en grande partie, à en produire d'autres ; car chacun s'ingénie naturellement à trouver un article qui perde le moins possible. L'effet immédiat du décret du 13 février 1861 devait être, si nous voulions continuer à vendre à l'impression, de nous *faire fournir au même prix que l'étranger tous les tissus destinés à l'exportation.* Dans ces conditions, on devait en fuir la fabrication comme la peste ; et ce qui me paraît étonnant après l'étude des prix comparatifs du travail en France et en Suisse, c'est qu'une seule broche ou un seul métier soit resté occupé à des sortes qui sont en concurrence directe, sans droits, avec la production suisse. Ceci, soit dit en passant, prouve jusqu'à l'évidence que la filature et le tissage n'ont jamais pu supporter la diminution de débouchés à laquelle ils étaient si brutalement condamnés par le décret du 13 février 1861.

Aujourd'hui, il n'y a pas d'illusion possible ; ceux qui ont continué à faire du calicot et du jaconas le font évidemment dans la conviction que tout autre article leur serait également mauvais ; mais, avant d'arriver à cette opinion, les tisseurs de l'Est, justement renommés pour leur esprit d'initiative et de recherche, ont fait tout ce qui leur était possible, et se sont retournés dans tous les sens pour améliorer leur situation, détruisant ainsi tous les avantages que pouvaient présenter les sortes destinées au marché intérieur. Une de mes plus vives surprises, pendant les séances de la Commission des admissions temporaires, a été de voir M. Dollfus ignorer en apparence des faits aussi connus de tous, et conseiller par exemple au tissage de faire de la percale dans un moment où cet article, rémunérateur autrefois, était devenu par la concurrence à peu près aussi mauvais que le calicot. Le tissage n'avait pas attendu ses conseils pour chercher les moyens de vivre, et tout ce qui était possible avait été tenté depuis longtemps sans qu'il parût s'en douter.

L'effet produit par les cours de Mulhouse sur la Normandie et le Nord est un phénomène du même genre.

La concurrence pour le Nord a surtout porté sur la filature. Les établissements qui faisaient des filés fins et mi-fins pour la fabrication des jaconas, atteints dans leur vente par l'importation temporaire des tissus suisses ou par l'importation à l'acquitté des filés similaires, ont fait aux filatures du Nord et de la Picardie une concurrence bien plus active.

Quant à la Normandie, le mal doit y être, à mon sens, aussi considérable que dans l'Est; et si les admissions temporaires ne sont pas, comme en Alsace, la note dominante des réclamations de cette région, c'est que beaucoup d'industriels ne se rendent pas compte du ricochet qui se produit, et ne voyant pas arriver chez eux les tissus suisses, ne pensent pas assez que le déplacement des tissus alsaciens produit absolument le même effet. L'impression normande tire maintenant de l'Est *plus du tiers* de ce qu'elle emploie en tissus écrus, tandis que la Normandie n'envoie rien à l'Est. Chassés d'Alsace par la concurrence suisse, les producteurs alsaciens et vosgiens se sont chaque jour reportés davantage sur Rouen. Leurs marchés avec les imprimeurs de Normandie sont basés sur la valeur des tissus à Mulhouse. La cote des courtiers, avec certains écarts relatifs aux diverses sortes, est même souvent prise pour régler le prix de livraison, semaine par semaine, de marchés faits pour plusieurs mois.

Dans ces conditions, les prix de Rouen sont intimement liés à ceux de l'Alsace, et si la cote de Mulhouse baisse, tous les tisseurs de Normandie sont forcés de baisser leurs prix dans la même proportion : nous jouons à leur égard le rôle que la Suisse joue au nôtre. Il est donc évident qu'une grande part des plaintes de la Normandie, alors même qu'elles s'appliquent presque exclusivement aux traités de commerce , doit être portée au compte des admissions temporaires. Si elles étaient supprimées, la Normandie recevrait probablement de moins une quantité de tissus de l'Est égale ou supérieure à tout ce qui entre à l'acquitté en tissus écrus anglais similaires à ceux de Rouen , et la position de la filature et du tissage en serait certes bien améliorée.

X

DANGER CROISSANT DU MAINTIEN DU PRIVILÉGE.

Il résulte de ce qui précède que la filature et le tissage font seules les frais du privilége donné à l'impression, et le paient non pas une, mais cinq ou six fois pour ne parler que des départements de l'Est.

Si on le reconnaît, il est difficile de voir rien de plus injuste et de plus illogique : de plus injuste, car si l'on veut donner à l'impression un avantage, pourquoi le pays tout entier ne le paie-t-il pas, et pourquoi seulement la filature et le tissage? De plus illogique, car c'est vraiment le monde renversé de voir prospérer l'impression qui, de son propre aveu, est en voie de déclin par l'abandon de la mode, la concurrence de tissus plus goûtés du public; et de voir souffrir des industries dont les débouchés se sont constamment développés depuis le commencement du siècle, et peuvent se développer beaucoup encore.

Et voyez à quel point ce calcul est mauvais; le nombre d'établissements d'impression va toujours en décroissant; il n'y en a plus que seize dans l'est de la France; le nombre des tissages et des filatures a toujours été en croissant jusqu'en 1860. Est-ce seulement par l'effet du déclin de l'impression et du développement des deux autres industries? Non. Cela tient surtout à la rareté des qualités qu'il faut réunir dans l'impression. Aux conditions nécessaires à tout industriel, l'ordre, l'économie, le sens commercial, l'imprimeur doit joindre un véritable sens artistique et de grands capitaux. Il doit diriger, je dirai presque inspirer, un personnel de chimistes, de graveurs, de dessinateurs, de coloristes; il lui faut des aptitudes qui sont extrêmement rares. Aussi s'est-il fait un travail de concentration de cette industrie difficile dans les mains les plus fortes et les plus habiles. Si l'impression de l'Est arrivait, par les importations temporaires, à doubler, dans un temps donné, sa production et ses bénéfices, ce serait au profit de six ou sept grandes maisons ; et personne ne serait tenté de leur faire de concurrence.

La filature et le tissage sont des industries plus démocratiques. Si elles retrouvaient des périodes de prospérité, elles pourraient, comme elles l'ont toujours fait, tenter des débutants, créer peu à peu des situations nouvelles, répartir plus également dans le pays la fortune et le travail.

Restons-nous la Grèce de l'Europe, jaloux avant tout de notre supériorité dans les arts et le goût; venons en aide par des subventions nationales à la plus brillante de nos industries, comme nous le faisons pour Sèvres et les Gobelins. Ne marchandons pas les encouragements à l'impression française qui est une des gloires du pays.

Sommes-nous plus touchés de la force; et voulons-nous suivre les races anglo-saxonnes et germaniques sur le chemin moderne de la puissance industrielle et de l'énergie dans la production. Sachons voir où en sont en France les véritables éléments de la grandeur matérielle, et ne les sacrifions pas à la légère.

Les inconvénients des admissions temporaires iront sans cesse en grandissant. Elles ont déjà stimulé le développement industriel de la Suisse. Si cette nation perd aujourd'hui un de ses débouchés par la suppression du privilége des imprimeurs, elle fera certainement sur les marchés étrangers une concurrence plus redoutable aux articles français qu'elle ne l'eût fait il y a quelques années. Il deviendra chaque jour plus difficile de reculer; le mal sera plus grand en France, mais les inconvénients d'un retour à l'ancien état de choses seront aussi plus sensibles. Aujourd'hui des établissements de premier ordre s'arrêtent en Alsace et dans les Vosges, rien de nouveau ne s'y crée et cependant l'industrie suisse monte de grandes manufactures. Attendons dix ans, supposons que l'exportation des toiles peintes se développe plus qu'elle ne l'a fait depuis quelques années; la Suisse profitera certainement de tout cet accroissement. Et alors même que vous reconnaîtrez que le luxe de développer en France une industrie d'exportation vous a coûté la prospérité, peut-être l'existence de la plus grande des industries nationales, vous ne pourrez plus revenir, sous peine de condamner l'impression qui peut lutter aujourd'hui et serait seulement menacée d'une gêne momentanée et d'un sacrifice partiel de ses bénéfices.

Il est bon de connaître la voie où le privilége a déjà engagé l'industrie favorisée. Il résulte des chiffres des douanes que le prix des articles qu'elle exporte est souvent inférieur à ce qu'il était en 1859. En 1859, le kilogramme de tissus imprimés était estimé par la Commission des valeurs à 8 fr. 60 c.; en 1867, il ne valait plus que

7 fr. 20 c. Ce fait est admis des imprimeurs eux-mêmes, dans leur dernière pétition, deux pages avant la note où M. Dollfus dit le contraire : « L'impression semble avoir échangé une partie de son caractère artistique contre l'emploi croissant des moyens mécaniques ; l'exportation veut du bon marché. » (Pages 7 et 12 de la pétition.)

Dans quelle mesure l'impression a-t-elle été amenée, par les courants du commerce et la nécessité, à se porter ainsi sur les sortes communes ? Nous ne pouvons le dire ; mais nous croyons que la faculté des admissions temporaires l'a disposée à accepter plus facilement un nouveau champ de lutte, moins glorieux sans doute, mais probablement plus commode.

Nous trouvons à ce sujet, le document le plus significatif, dans une lettre de M. Braun, publiée dans l'*Industriel alsacien* du 5 décembre 1869. M. Braun est un ancien dessinateur de toiles peintes, à qui ses travaux artistiques ont valu les plus hautes distinctions industrielles et une réputation étendue fort en dehors de l'Alsace. Il a, pour parler de cette question, l'autorité la plus irrécusable, et sa lettre est si importante que nous la publions complètement, en mettant en *italiques* les passages les plus importants :

Dornach, 23 novembre 1869.

Monsieur,

Quoique sollicité par quelques personnes à prendre part, en qualité d'ancien dessinateur industriel, aux débats du dernier congrès qui a eu lieu à Mulhouse au mois d'octobre dernier, je me suis abstenu, parce que préalablement j'eusse désiré une entente avec mes anciens collègues, et que cette entente n'eût pas lieu.

J'aurais voulu éveiller la sollicitude des intéressés dans la question indiennière sur une branche de travailleurs qui est le premier élément de succès dans cette production : celle des dessinateurs.

Il ne faut pas oublier qu'à ceux-ci, Mulhouse doit une partie de l'honneur de voir ses toiles peintes tenir le premier rang parmi les produits similaires des autres nations, car les siens se sont toujours distingués par une beauté, une supériorité de goût dans les dessins, qui les ont fait rechercher sur les marchés étrangers. Il existait à Mulhouse une minière de dessinateurs où les autres cités industrielles venaient s'approvisionner; jalouses de notre supériorité, plusieurs d'entre elles, Lyon principalement, ont, par des encouragements intelligents, une protection éclairée et des efforts persistants, fourni elles aussi des pépinières d'artistes dont les succès menacent d'éclipser notre antique renommée.

Que l'on ne se fasse pas illusion, si l'industrie mulhousienne veut tenir son drapeau aussi haut que par le passé, il ne faut pas qu'elle se laisse distancer par les cités rivales; d'immenses progrès se sont accomplis autour de lui, et ils doivent exciter son amour-propre, stimuler ses efforts, surtout en ce moment que la concurrence étrangère se lève menaçante pour son avenir. Si vis-à-vis des industries rivales elle peut se trouver dans des conditions de rendement désavantageuses, il faut que ses toiles peintes conservent leur supériorité de disposition, le cachet de bon goût qui les caractérisent.

Une question se présente alors à mon esprit. *A-t-on fait assez à Mulhouse pour perpétuer cette élite de dessinateurs qui a été un des principaux agents de sa renommée et qui doit être sa première force dans la situation actuelle?*

A mon avis, les moyens employés sont tout à fait insuffisants, et il est grand temps de remédier à un état de choses qui touche presque à l'incurie, car nous restons dans une stagnation complète, tandis que d'autres villes redoublent d'efforts pour former des dessinateurs de mérite, auxiliaires précieux et puissants de l'industrie.

Pourquoi n'avons-nous pas à Mulhouse, à l'exemple de l'École Saint-Pierre, à Lyon, une école consacrée spécialement à l'enseignement du dessin industriel ?

Je crois qu'en mettant les élèves qui montreraient quelque incli-

nation pour ce genre de dessin entre les mains de trois professeurs,
dont l'un enseignerait à faire la fleur, l'autre l'ornement, et enfin le
troisième la composition, on arriverait, par ce moyen, à former rapi-
dement une phalange de jeunes artistes *dont le concours serait
peut-être aussi nécessaire à la suprématie de notre industrie indiennière que le seraient certains droits protecteurs ; car il y a
danger pour elle (danger que l'on semble ne pas prévoir) à laisser
s'épuiser cette source d'art nécessaire à sa prospérité, à sa force.*

Je citais pour exemple l'École Saint-Pierre, de Lyon ; on se pé-
nétrera des résultats auxquels on peut arriver par le mode d'enseignement que je préconise plus haut', lorsque j'aurai dit, et ce en
connaissance de cause, que depuis quelques années beaucoup de
peintres de fleurs n'exposent plus à Lyon, craignant de se mesurer
avec les artistes dessinateurs de cette ville et formés à Saint-Pierre.

Tout le monde sait que je suis aujourd'hui complétement dé-
sintéressé dans cette question ; je ne suis mu que par les sympa-
thies que j'ai eues de tout temps pour une industrie qui est une
des gloires de notre cité et à laquelle j'ai consacré une grande
partie de ma carrière. Je signale donc à Messieurs nos industriels
une lacune qu'il est dans leur intérêt de combler au plus tôt ; j'ai
indiqué en même temps un moyen à mettre en pratique que je
crois bon. Nul ne m'accusera de pessimisme, je l'espère, *car le
mal devient de plus en plus évident, et je déclare en terminant
que si l'on ne se hâte de prendre des mesures pour le conjurer,
l'ancien prestige attaché à notre principale industrie menace de
s'éclipser.* Maintenant aux intéressés d'agir si mes conseils ont
quelque influence dans leurs esprits.

Recevez, Monsieur, etc.

AD. BRAUN.

Voilà les effets naturels du privilége. — On nous les a
assez reprochés à tort ou à raison, avant 1860, pour que
nous ayions le droit de rendre la pareille. L'impression est-

elle dans le vrai? Nous en doutons, même au point de vue de ses intérêts ; elle abandonne le terrain où elle était incontestablement reine par l'art et le goût national, pour la route commune, battue et fréquentée de tous, où l'Angleterre marche appuyée de ses relations commerciales, de l'immensité de ses établissements et des capitaux inépuisables avec lesquels elle peut décourager ses concurrents.

Dans l'enquête de 1860, nous voyons les imprimeurs confiants à l'endroit de la plus-value que la supériorité de leur travail leur assurera sur les marchés étrangers. M. Jean Dollfus lui-même dit (page 123) :

« Il faut avoir confiance dans l'avenir et se dire : nous travaillons un peu plus chèrement que l'Angleterre, mais cela ne dépassera pas 5 ou 10 pour cent, et nous pouvons, malgré tout, développer nos ventes ; nous pouvons, grâce à la supériorité de notre goût, de nos dessins, de nos couleurs, vendre 5 et 10 pour cent plus cher que nos rivaux. »

Comment, huit ans plus tard, sommes-nous tombés jusqu'à ce triste aveu?

« Arrivât-on quelquefois par le goût, le dessin, à compenser des différences pareilles (il s'agit de 2 ou 3 centimes, c'est-à-dire des 5 à 10 pour cent de 1860), ce ne serait pas un motif pour punir les imprimeurs les moins habiles en les faisant entrer en lice avec la concurrence étrangère *à armes inégales.* » (Pétition des imprimeurs.)

Voilà où en est arrivée cette fière industrie! Quelques-uns pourraient peut-être lutter; mais il ne faut pas décourager les maladroits. Pour ma part, j'augure mieux de l'impression française. Elle est menacée aujourd'hui d'un retour à la situation qu'elle avait avant 1861, bien améliorée certes par l'abaissement excessif des droits protecteurs sur les filés et les tissus. Les difficultés nouvelles qu'elle rencontre sont-elles assez grandes pour contre-balancer cet avantage ; sera-t-elle plus malheureuse qu'avant 1861 ? Je ne le crois pas, pour ma part, et je suis convaincu qu'elle conservera de grands avantages si elle ne se transporte pas entièrement sur le terrain de la concurrence avec Manchester, où elle pourrait bien, à la longue, n'être pas la plus forte.

XI

RÉPONSE AUX OBJECTIONS DES IMPRIMEURS.

L'impression de l'Est étant surtout une industrie d'exportation, les imprimeurs disent que le droit commun est pour eux d'importer aussi librement le tissu, leur matière première, que la filature peut importer le coton.

Je ne discuterai pas la différence qui existe entre une matière sans similaire dans la production française et le produit terminé de la plus importante des industries nationales, je dirai simplement ceci :

Si le droit commun est d'acheter au meilleur marché possible tout ce qui doit servir de matière première aux industries d'exportation, appliquons le système à toutes les industries. Laissons entrer les filés à charge de réexportation, les tissus destinés au blanc, à la confection, et qu'on ne nous objecte pas l'impossibilité d'obtenir l'exportation de l'identique, puisqu'on s'en passe bien pour les fers. Procédons de même pour toutes les industries. Nous arriverons ainsi au libre échange, excepté pour la dernière transformation de chaque industrie, qui restera seule protégée; et, dans un pays où l'on a souvent fait des folies pour l'amour de la logique, on ne maintiendra pas longtemps

une situation qui deviendrait un privilége. Mais aujour-
d'hui la règle commune étant encore la protection des diverses industries nationales, c'est l'admission temporaire
qui est le privilége.

Une autre objection des imprimeurs est celle-ci :

« Quand un prix nous est offert, comparez-le à celui que vous
pouvez obtenir sur le marché intérieur. Si vous acceptez, nous
vous avons rendu service, car vous étiez libres de refuser. »

Non, nous ne sommes pas libres de refuser ; car si je re-
fuse, mon voisin acceptera et consacrera un cours que je
serai forcé de subir. D'ailleurs, comme je crois l'avoir démontré, c'est vous qui faites par votre privilége les prix du
marché intérieur. Je ne vous sais nul gré de m'acheter ma
marchandise à perte, quand c'est par votre fait que cette
perte se produit.

« Nous déblayons le marché intérieur par l'exportation. »

Vous le déblayez bien moins qu'avant 1861, comme je
l'ai démontré, et chaque année la quantité des tissus que
vous y prenez va en diminuant.

Il est une objection présentée par M. Steinbach dans sa
remarquable déposition de l'enquête de 1868. M. Steinbach dit qu'il s'adresse très-rarement à l'étranger, mais
il ajoute qu'il est des cas où l'on ne peut s'en dispenser.
Il dit avoir acheté en Suisse, à 63 centimes, des jaconas
fins qu'il ne pouvait trouver en France à moins de 80 centimes. Cette énorme disproportion frappe beaucoup à première vue. Mais il ne faut plus, avec le système douanier
actuel, raisonner sur de pareils écarts, c'était bon au temps
de la prohibition. Il faut simplement comparer le prix
français au prix étranger augmenté des droits de douanes.

Dans le cas cité par M. Steinbach, la différence se réduisait à moins de moitié.

Une des plus graves objections de nos adversaires est la suivante. Plusieurs des imprimeurs du Haut-Rhin possèdent des filatures et des tissages de dimensions très-importantes; ce sont surtout MM. Dollfus-Mieg; MM. Gros, Roman, Marozeau, de Wesserling qui sont filateurs et tisseurs; M. Steinbach-Kœchlin qui est seulement filateur. Ces Messieurs ont déclaré, dans l'enquête de 1868, que les bénéfices de la filature et du tissage étaient plus considérables que ceux de l'impression. M. Jean Dollfus a précisé les faits de la façon suivante :

Depuis vingt ans, la filature et le tissage nous ont donné 8 à 8 et demi pour cent en sus de l'intérêt de l'argent.... Les bénéfices de ma maison pour ses filatures et tissages ont surtout été considérables depuis le traité de commerce (page 85 de l'enquête).... La filature de ma maison ne s'est livrée à aucune spéculation ; elle a constamment acheté au jour le jour, et voici ce qu'elle gagne sans y comprendre le bénéfice de 13,000 broches employées au retordage et fil à coudre.

Elle a gagné en	1861	510,000 fr.
	1862	583,000
	1863	182,000
	1864	79,000
Elle a perdu en	1855	117,000
Elle a gagné en	1866	880,000
Et en	1867	357,000 (page 91). »

« ... *On a généralement gagné de l'argent sur les articles* » *courants.* » (La question posée par M. Roy était relative aux 60, 68 et 70 portées, tissus courants d'impression d'Alsace.) « *Peut-être n'en gagne-t-on pas sur ces articles depuis six mois* » *ou un an.* » (M. Dollfus parle en février 1868, pages 107 et 108.)

Voilà deux assertions de M. Jean Dollfus, l'une relative à ses affaires personnelles, l'autre appréciant la situation générale de l'industrie. Malgré l'étonnement que je partage avec tous mes confrères, je ne puis mettre en doute ce que M. Dollfus dit de ses affaires personnelles. Voyons donc, au moins pour la filature, la valeur de son assertion générale. Il est facile de faire le compte de ce qu'a pu perdre, de 1861 à 1867, une filature qui aurait acheté ses cotons au jour le jour et vendu ses produits de même. J'ai publié ce travail, il y a deux ans, dans la polémique engagée dans l'*Industriel alsacien;* mais je préfère aujourd'hui invoquer un témoignage supérieur au mien.

Je dois à M. Auguste Dollfus, président de la Société industrielle de Mulhouse, la communication d'un travail très-intéressant et qui a le mérite de ne rien laisser à l'hypothèse; car M. Auguste Dollfus a mis en regard, année par année, de 1860 à 1868, les prix de façon réels de sa filature, prix variables d'après les diverses qualités de coton qu'il a dû employer pendant la guerre d'Amérique; les valeurs moyennes de ces mêmes cotons au Havre et le prix des filés à Mulhouse. C'est, en un mot, ce qu'il aurait perdu réellement s'il avait acheté au jour le jour comme M. Jean Dollfus. Dans les sept années citées par M. Jean Dollfus, M. Auguste Dollfus trouve en moyenne une perte de 17 c. par kilogramme des numéros ordinaires, chaîne 27|29 et trame 36|38, c'est-à-dire des filés pour les articles courants dont parlait M. Jean Dollfus. On eût produit avec les 60,000 broches de M. Jean Dollfus, environ 1 million de kilogrammes par année. En achetant le coton sans spéculer, comme l'a fait M. Jean Dollfus, on eût perdu 1,190,000 fr. dans les sept années où il a gagné 2,474,000 fr. Dans l'année 1862, notamment, où M. Jean Dollfus, toujours sans spéculer, a gagné 583,000 fr., on eût perdu 730,000 fr. Les façons de M. Auguste Dollfus comprennent l'intérêt du capital employé et l'amortissement du matériel; mais il ne compte rien pour frais de courtage, de commission, de vente, mauvaises créances, etc. Ses chiffres sont au-dessous de la réalité d'une quantité qui compense, et au-delà la différence du prix de revient entre une filature de 60,000 broches et la filature de 24,000 broches qui a servi de type.

L'autorité de M. Auguste Dollfus est de celles qui ne peuvent être contestées.

La position du tissage a été d'ailleurs constamment plus mauvaise que celle de la filature pour les articles courants. C'est un fait admis de tout le monde, et bien prouvé du reste par la quantité des sinistres commerciaux en Alsace et dans les Vosges.

Nous sommes, on le voit, loin de compte avec M. Jean Dollfus. Puisqu'il a obtenu les magnifiques résultats dont il parle, il est donc évident qu'il a fait autre chose que ce qu'il trouve satisfaisant pour les autres. Comment expliquer, dans une certaine mesure, une réussite aussi extraordinaire ?

Les produits de la filature de M. Dollfus sont absorbés en très-grande partie par sa retorderie de coton et son tissage. La filature n'a à supporter ni stocks ni faillites, et s'est vraisemblablement maintenue toujours dans la fabrication des numéros mi-fins qui, depuis quelques années, a été moins désavantageuse que celle des ordinaires. Mais tout le monde ne peut faire ces numéros ; car la consommation en est limitée, et l'outillage de la plupart des filatures ne convient pas à cette production.

Du reste , les résultats d'une usine qui facture ses produits à une autre usine appartenant au même propriétaire, ne peuvent être sérieusement comparés à ceux d'une usine qui vend ses produits aux commerçants , intermédiaires entre l'industriel et le public. La première fait ses comptes comme elle veut.

Quant aux tissages de M. Dollfus , les produits en sont utilisés par son impression. Mais il en achète peut-être dix fois autant à d'autres tisseurs. Il n'est pas probable qu'il leur donne la production des tissus les plus avantageux , et il en est toujours quelques-uns dans une grande fabrication. Il y a souvent des combinaisons de tissus nouveaux qui laissent quelque marge au tisseur habile et habitué à modifier sans cesse sa fabrication , jusqu'au moment où tout le monde s'avise de cet avantage et le fait disparaître en s'y portant à la fois. Une industrie de dernière main , telle que l'impression , peut toujours , même dans les plus mauvaises périodes , faire une situation tolérable aux producteurs d'un dixième de son assortiment. Bien que les bénéfices de M. Dollfus restent extraordinairement élevés , c'est dans ce sens que je puis les expliquer en partie; il se fait à lui-même ses commandes et ne choisit pas les plus mauvaises.

Mais tout le monde ne dispose pas à la fois de l'offre et de la demande; et les sept vaches grasses que M. Dollfus montre si complaisamment , seraient bien maigres si elles avaient vécu du pré commun.

Il est une autre objection qui se formule ainsi :

Les souffrances dont vous vous plaignez ne vous sont pas particulières; elles existent dans l'industrie cotonnière de tous les pays , notamment en Angleterre , depuis que la guerre d'Amérique a profondément modifié les conditions de votre alimentation.

On peut répondre en demandant comment il se fait que les filatures et les tissages se développent en Allemagne et en Suisse, tandis que les ruines s'accumulent en France.

On peut dire aussi que si les Anglais souffrent sérieusement, ils ont dans le chômage partiel ou total des établissements un remède qui nous est absolument interdit, d'abord par l'humanité des patrons, et ensuite par beaucoup de causes tenant au caractère de la nation, qu'il serait impossible de développer ici sans entrer plus que je ne le voudrais dans le domaine de la politique, et surtout par le motif suivant. Le chômage, pratiqué en vue d'obtenir la hausse en amenant la rareté de la marchandise, est la ressource des industriels qui ne craignent pas la concurrence étrangère, soit à cause de leurs avantages naturels, comme en Angleterre ou en Suisse, soit à cause de tarifs protecteurs élevés, comme en Amérique, par exemple. Ce n'est pas le cas pour l'industrie cotonnière française, déjà écrasée par les importations temporaires ou définitives. Le chômage, pour elle, ne serait qu'une prime à l'entrée plus considérable des produits anglais ou suisses; elle en subirait, sans nul avantage, les sacrifices et les dangers. Les Anglais peuvent chômer; s'ils le font, c'est à leur profit, car personne n'importera chez eux; mais cette dernière ressource nous est interdite par notre déplorable législation économique : aussi les établissements qui s'arrêtent sont-ils ceux-là seulement qui sont à bout de ressources; et des souffrances qui mettraient en chômage la moitié du Lancashire , voient l'Alsace et la Normandie marcher presque entièrement.

Il serait facile de prouver que certains produits anglais, qui normalement étaient beaucoup meilleur marché que leurs similaires français , sont depuis quelques années souvent au même prix et quelquefois même plus chers ; de façon que si l'on pouvait craindre le maintien d'une situation aussi cruelle pour l'industrie française , il serait quelquefois possible d'exporter de France en Angleterre des tissus dont le prix de revient est plus élevé de cinq ou six centimes dans notre pays.

La preuve la plus saisissante d'ailleurs est fournie par les admissions temporaires elles-mêmes. Si l'impression, depuis sept ans , a acheté en France les trois quarts de ses tissus d'exportation, c'est que trois fois sur quatre le marché français a subi, à peu de chose près , les cours de la Suisse. Or, à moins qu'on ne prétende que nous produisons aux mêmes prix que la Suisse, il faut admettre que trois fois sur quatre nous avons dû souffrir beaucoup plus qu'elle.

Mais que font ces raisons au débat, et par quel moyen pouvons-nous arriver exactement à savoir si nos voisins pâtissent plus ou moins que nous ? La souffrance n'est pas une quantité mathématique et ne peut se mettre en équation. Nous serait-il démontré que l'Angleterre et la Suisse souffrent plus que nous, je n'y verrais qu'une raison de plus pour demander la suppression du privilége des imprimeurs ; car si un industriel qui se ruine est le concurrent le plus redoutable et répand la ruine autour de lui, il en est de même des nations organisées pour l'exportation quand leurs débouchés viennent à se fermer. L'Amérique s'est faite prohibitionniste, l'Allemagne se fait industrielle et se passe de plus en plus de l'Angleterre. Tous les pays souffrent de l'irrégularité des approvisionnements de coton, mais l'Angleterre doit aussi ses souffrances à l'extension exagérée et imprudente de son industrie et à la suppression d'une partie de ses marchés. La cause de ses maux est parfaitement définie. Dans l'industrie cotonnière française, nous devons en grande partie les nôtres aux admissions temporaires, combinées avec de grandes importations auxquelles nous devons nous résigner tant que nous sommes liés par des contrats internationaux. Nous plaignons nos voisins s'ils ne peuvent trouver de remède à leurs maux ; nous en connaissons un, au moins, aux nôtres ; et nous l'indiquons avec cette clairvoyance des intérêts lésés qui remplacerait au besoin tout raisonnement, si le raisonnement n'était pas pour nous aussi bien que le droit.

XII

CONCLUSION.

Je crois avoir rempli mon programme et prouvé les inconvénients et les dangers des importations temporaires. Il me resterait à examiner les divers moyens de concilier les industries rivales, si je ne craignais, en le faisant, de sortir de mon rôle.

La filature et le tissage se plaignent du tort qui leur est causé par le privilége des imprimeurs. Ce mal ne peut évidemment disparaître d'une façon complète que par le rappel du décret; il subsistera dans la mesure où le privilége sera maintenu; et l'injustice, qui est une quantité absolue, restera la même.

L'écart du prix de revient des tissus pour les articles ordinaires d'Alsace étant de six centimes environ par mètre entre la France et la Suisse, ou d'un peu plus que la protection accordée par les traités; les cours, dès que les affaires languissent, sont exposés à subir une dépression qui peut atteindre ces six centimes. Si les imprimeurs étaient astreints à payer la moitié des droits, la pression qu'ils exercent sur le marché français serait limitée d'autant; mais elle subsisterait cependant de façon à réduire de moitié *dans les mauvais moments* une protection déjà insuffisante.

La filature et le tissage ont souffert et souffrent encore trop pour que le retrait total du privilége des imprimeurs ne leur semble pas indispensable, et s'il ne leur est pas accordé, elles continueront sans doute de réclamer ce qu'elles considèrent comme leur droit.

On me reprochera peut-être de ne pas tenir un compte suffisant de l'impression et de lui faire courir de grands dangers, sans être assuré de rendre la prospérité aux autres branches de l'industrie cotonnière. J'ai déjà répondu sur le dernier point. Quant à l'avenir de l'impression, nos adversaires ne peuvent échapper à ce dilemme : Si leur exportation, après le retrait du privilége, continue comme par le passé, les imprimeurs ne peuvent dire qu'ils ont été sacrifiés. Si l'exportation devient momentanément impossible à cause des prix qui s'établiront sur le marché des tissus, la diminution de débouchés amènera probablement la baisse, et les imprimeurs pourront reprendre leurs exportations.

Du reste, je l'ai dit à satiété, ils se sont condamnés en prenant depuis sept ans les trois quarts de leurs tissus d'exportation sur le marché national, sans augmenter leurs ventes à l'étranger. C'est la preuve que le privilége ne leur a guère servi qu'à faire et à maintenir la baisse en France.

Je conclus. Le rappel du décret de 1861 fera certainement disparaître une injustice; et s'il produit quelques souffrances, il en soulagera infiniment plus. Que peut-il arriver en effet? L'impression n'y perdra que si les prix des tissus se relèvent sensiblement, c'est-à-dire si la prospérité est rendue aux deux autres industries. Si, au contraire, la dépression actuelle persiste après le retour à l'ancien système, ce que l'impression perdra sera insignifiant. En un mot, si les imprimeurs ne sont pour rien dans les souffrances de la filature et le tissage, la suppression de leur privilége ne leur fera pas de tort appréciable.

(Voir page 18).

FILATURE.

TABLEAU DONNANT LA DIFFÉRENCE DES FRAIS DE FABRICATION EN FRANCE ET EN SUISSE PAR KILOGRAMME DES DIVERS NUMÉROS, ET EN REGARD LES DROITS PROTECTEURS DES TRAITÉS DE COMMERCE.

NUMÉRO DE FILATURE.	Différence par kilog. des frais de fabrication ou protection qui serait nécessaire.	Protection existant par kilogramme.	NUMÉRO DE FILATURE.	Différence par kilog. des frais de fabrication ou protection qui serait nécessaire.	Protection existant par kilogramme.
Jusque 10	0f 07c	0f 15c	Nº 81	1f 07c	0f 90c
Nº 20	0 13		— 90	1 24	
— 21	0 15	0 20	— 91	1 27	1 00
— 30	0 22		— 100	1 43	
— 31	0 24	0 30	— 101	1 48	1 20
— 40	0 36		— 110	1 69	
— 41	0 39	0 40	— 111	1 76	1 40
— 50	0 53		— 120	2 04	
— 51	0 58	0 50	— 121	2 10	1 60
— 60	0 69		— 130	2 40	
— 61	0 77	0 60	— 131	2 48	2 00
— 70	0 87		— 140	2 90	
— 71	0 89	0 70	— 141	3 02	2 50
— 80	1 03		— 150	3 66	

Ce tableau montre que la protection, suffisante dans les

numéros bas, devient insuffisante à partir du n° 40 , et
qu'au n° 60 le déficit est déjà de 20 centimes par kilog.,
pour arriver à 1 franc dans les numéros élevés. Il montre de plus les anomalies du groupement par dix numéros
qui protège largement le n° 31 , par exemple, et insuffi-
samment le n° 40 , et quand on arrive aux numéros
élevés , protège de la même façon des articles entre
lesquels il y a des différences de plus de 50 centimes.
Rien ne serait plus simple cependant que de protéger au
numéro.

V oir page 18).

TISSAGE.

TABLEAU INDIQUANT LA DIFFÉRENCE DE PRIX DE REVIENT ENTRE LA FRANCE ET LA SUISSE POUR QUATRE TISSUS CHOISIS COMME TYPES.

	DIFFÉRENCE DE PRIX DE FAÇON PAR CENT MÈTRES EN FAVEUR DE LA SUISSE			Différence de prix de revient par kilog. ou droit de simple compensation.	Protection par kilog. résultant des traités.
	En filature.	En tissage.	Total.		
	fr. c	fr. c.	fr. c.	fr. c.	fr. c
Calicot ordinaire d'impression 3/4. 60 portées, 20 fils trame, composé de 4ᵏ 35 de chaine nᵒ 28, et de 4ᵏ 05 de trame nᵒ 37..........	1 92	2 90	4 82	0 57	0 60
Percale 3/4. 80 portées, 27 fils trame, composée de 4ᵏ de chaine 40, et de 3ᵏ 91 de trame 50...........	3 20	4 70	7 90	1 00	1 00
Jaconas de 0ᵐ,85 largeur, 19 fils trame, composé de 2ᵏ 40 de chaîne 60, et 1ᵏ 30 de trame 100....	3 46	3 60	7 06	1 90	1 20
Mousseline fine, 12 fils trame, composée de 1ᵏ 50 de chaine 68, et 0ᵏ 80 de trame 110..............	2 58	2 40	4 90	2 16	0 80

Même observation que pour la filature et plus saisissante encore. On comprend que la fabrication des derniers articles est devenue tout à fait impossible.

Ces tableaux sont du reste d'accord avec les faits. La conversion de presque toutes les filatures de fin en demi-fin, et des tissages de jaconas, mousseline, etc., en fabrication d'articles ordinaires, prouve que les calculs de M. Groshens sont de la plus grande exactitude.

Senones, Décembre 1869.

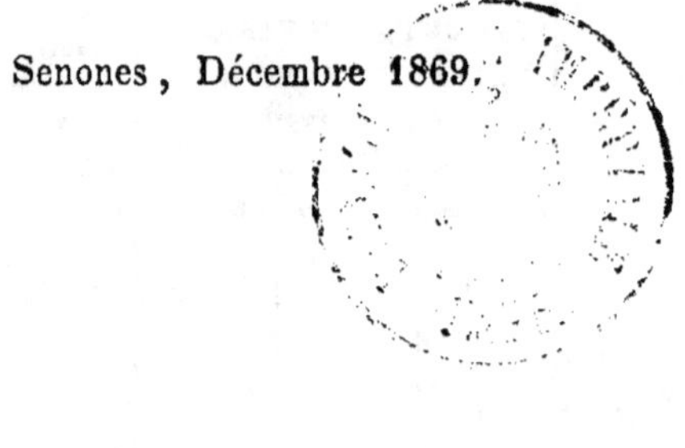

*Saint-Dié, Imprimerie et Lithographie de **Ed. Trotot**.*